PUBLICATIONS DE LA RÉUNION DES OFFICIERS

MÉLANGES MILITAIRES
XXV. XXVI

L'ARTILLERIE DE CAMPAGNE

DES

GRANDES PUISSANCES

EUROPÉENNES

ET

LES CANONS RAYÉS

Traduit de l'allemand

Par M. MÉERT
CAPITAINE D'ARTILLERIE

PARIS
CH. TANERA, ÉDITEUR
LIBRAIRIE POUR L'ART MILITAIRE ET LES SCIENCES
Rue de Savoie, 6

1872

L'ARTILLERIE DE CAMPAGNE

DES

GRANDES PUISSANCES EUROPÉENNES

PUBLICATIONS DE LA RÉUNION DES OFFICIERS

I. — **L'armée anglaise en 1871, au point de vue de l'offensive et de la défensive.** Brochure in-12. 25 cent.

II. — **Organisation de l'armée suédoise.** — **Projet de réforme.** Brochure in-12 . . . . 25 cent.

III-IV. — **Mode d'attaque de l'infanterie prussienne dans la campagne de 1870-1871**, par le duc Guillaume de Wurtemberg, traduit de l'allemand par M. Conchard-Vermeil, lieutenant au 13ᵉ régiment provisoire d'infanterie. Brochure in-12 . . . . 50 cent.

V. — **De la Dynamite et de ses applications pendant le siége de Paris.** Brochure in-12 . . . . 25 cent.

VI. — **Quelques idées sur le recrutement**, par G. B. Brochure in-12 . . . . 25 cent.

VII. — **Étude sur les Reconnaissances**, par le commandant Pierron. — Brochure in-12 . . . . 25 cent.

VIII-IX-X. — **Étude théorique sur l'organisation d'un corps d'éclaireurs à cheval**, par H. de la F. Brochure in-12 . . . . 75 cent.

XI-XII-XIII. — **Étude sur la défense de l'Allemagne occidentale, et en particulier de l'Alsace-Lorraine.** Traduit de l'allemand. Brochure in-12 . . . . 75 cent.

XIV. — **L'armée danoise.** — **Organisation.** — **Recrutement.** — **Instruction.** — **Effectif.** — Broch. in-12. 25 cent.

XV-XVI-XVII. — **Les places fortes du N.-E. de la France, et essai de défense de la nouvelle frontière.** Brochure in-12. . . . . 75 cent.

XVIII-XIX. — **Considérations théoriques et expérimentales au sujet de la détermination du calibre dans les armes portatives**, par J. L., capitaine d'artillerie. Brochure in-12 . . . . 50 cent.

XX. — **Des bibliothèques militaires, de l'établissement d'un catalogue et de la tenue des principaux registres.** Brochure in-12. . . . . 25 cent.

XXI-XXII-XXIII-XXIV. — **L'artillerie au siége de Strasbourg en 1870**, notes recueillies par un officier de l'artillerie suisse, traduit de l'allemand par P. Larzillière, capitaine d'artillerie. — Brochure in-12 avec plan . . . . 1 fr.

---

454 — Imp. H. Carion, rue Bonaparte, 61.

L'ARTILLERIE DE CAMPAGNE

DES

GRANDES PUISSANCES

EUROPÉENNES

ET

LES CANONS RAYÉS

Traduit de l'allemand

Par M. MÉERT
CAPITAINE D'ARTILLERIE

PARIS
CH. TANERA, ÉDITEUR
LIBRAIRIE POUR L'ART MILITAIRE ET LES SCIENCES
Rue de Savoie, 6

1872

L'ARTILLERIE DE CAMPAGNE

DES

GRANDES PUISSANCES EUROPÉENNES

Les canons rayés, inventés ou pour mieux dire retrouvés vers le milieu du XIXe siècle, ont amené dans l'artillerie des Etats civilisés une révolution complète et radicale qui, commencée en partie de 1850 à 1860, s'est accomplie surtout dans les années suivantes.

Par sa nature même, un changement si important, si subit, qui renversait partout avec plus ou moins de violence les systèmes établis, devait produire, dans ses conséquences immédiates et son effet puissant sur les organisations antérieures, les résultats les plus variés : on pouvait prévoir que plus d'une artillerie aurait à subir des transformations surprenantes et singulières au plus haut point, avant de réussir à transporter sur le terrain de l'application pratique les conséquences fécondes de cet étonnant progrès, et avant d'arriver à la création d'un système nouveau, complet, formant un ensemble un et coordonné.

On peut encore dire, même aujourd'hui, que la controverse acharnée et souvent presqu'acerbe sur cette question n'est pas terminée ; mais les nombreux renseignements de la guerre dans ces dernières années ont prononcé d'une façon si claire et si décisive, que — pour l'artillerie prussienne du moins — l'on semble arrivé à une conclusion définitive sur les principes de notre système et à une base certaine pour le perfectionnement de ses détails ; nous sommes d'autant plus fondés à le croire, que l'expérience des champs de bataille se trouve en parfaite concordance avec les résultats de nos tirs d'école.

On peut donc maintenant jeter un coup d'œil rapide sur les phases multipliées que la question des canons rayés a traversées dans les diverses artilleries ; l'abondance exubérante de matériaux dans un tel sujet, nous force à ne donner que les contours généraux de cette esquisse historique, et à nous limiter de préférence à *l'artillerie de campagne des cinq grandes puissances européennes*, représentant les plus éminents progrès dans toutes les branches de la science militaire. Nous ne toucherons pas aux questions d'organisation, à moins de nécessité absolue.

L'ANGLETERRE, cette terre promise de la mécanique et des machines, surtout autrefois, fut naturellement la première à présenter un canon rayé comme arme de guerre. C'était le système *Lancaster, à chargement par la bouche*, dont l'apparition date de 1853, et qui avait pour caractères distinctifs *l'âme ovale* (la coupe transversale de l'âme était elliptique, il n'y avait pas de rayures proprement dites) et le *pas progressif*. Ces canons firent leurs preuves dans la guerre d'Orient, devant Sébastopol et devant Bomarsund, et obtinrent un fiasco complet. Leur justesse ne répondit pas aux exigences même les plus modérées, et en outre leur solidité se montra insuffisante : plusieurs d'entre eux éclatèrent en effet, probablement par le coincement du projectile dans l'âme, accident auquel la rayure progressive contribua peut-être. Le gouvernement anglais abandonna bien vite M. Lancaster ; mais cette mésaventure n'altéra pas la confiance de l'inventeur dans son système : il fit paraître à l'exposition de Londres de 1862 plusieurs spécimens de ses bouches à feu et de ses armes portatives et força ainsi le ministère de la guerre à admettre un canon de 7 pouces fabriqué par lui au grand tir de comparaison qui eut lieu deux ans plus tard (voir plus loin).

Le successeur de Lancaster fut, après 1855, le célèbre *William Armstrong*. Son premier modèle de canon reposait sur le principe du *chargement par la culasse* avec *forcement par le plomb* ; le système de fermeture de culasse se composait d'une vis creuse et d'une pièce de fermeture mobile (*vent-pièce*) ; le canon, en fer forgé, était fait d'un cylindre intérieur et d'un certain nombre de manchons extérieurs que l'on fabriquait avec des barres de fer tournées en hélice puis soudées l'une à l'autre ; ces manchons étaient ensuite placés à chaud sur le cylindre intérieur.

L'artillerie anglaise soumit ce système à un examen complet dont il sortit apparemment triomphant, puisque sans plus tarder, on procéda à son adoption : le canon de 6 livres (6^{cm},36 de diamètre intérieur) fut désigné pour le service des colonies et les débarquements, celui de 9 livres (7^{cm},61), pour l'artillerie à cheval, celui de 12 livres (également 7^{cm},61), pour l'artillerie montée, et celui de 20 livres (9^{cm},52), pour l'artillerie de position. Les artilleries de siége, de côte et de mer reçurent ceux de 40 et de 100 livres (12^{cm},06 et 17^{cm},79). La fabrication de ces canons fut poussée si énergiquement qu'on avait déjà en novembre 1861, 1622 bouches à feu, dont 49 de 6 livres, 464 de 9 livres et de 12 livres, 325 de 20 livres, 221 de 40 livres et 563 de 100 livres.

Armstrong reçut le titre de baronnet, et de plus, dit-on, environ 21,000 livres (525,000 fr.). L'opinion publique, en Angleterre, donnait une attention passionnée aux efforts du gouvernement pour acquérir des canons rayés, car, à cette époque, la frayeur d'une invasion régnait tout autant qu'aujourd'hui, bien qu'on la craignît d'une autre puissance. Avec un nombre si considérable de canons Armstrong dans leurs armées de terre et de mer, les Anglais envisageaient avec moins d'effroi les forces militaires imposantes que leurs plus proches voisins venaient de déployer dans la campagne d'Italie de 1859. Leurs journaux ne manquèrent pas d'exhaler leur joie patriotique et leur vanité nationale dans les termes les plus emphatiques, et de proclamer, avec force louanges démesurées, que l'Angleterre possédait « the best piece in the world » (comme on l'avait souvent dit officiellement au Parlement). A travers de telles exagérations, on doit pourtant reconnaître que le premier modèle d'Armstrong avait, surtout au point de vue de sa remarquable justesse, de grandes qualités, balancées cependant par des défauts plus grands encore, qui venaient principalement de la fermeture de culasse. La marine anglaise l'apprit la première à ses dépens, et c'était naturel, puisqu'elle était armée des plus gros calibres et qu'elle trouva aussi plus souvent l'occasion de servir ses pièces. La manœuvre était extrêmement pénible, surtout avec le canon de 100 l. par le poids considérable de la pièce de culasse, qu'il fallait soulever à chaque charge pour la retirer de l'âme et ensuite l'y remettre. Le système d'obturation (deux anneaux coniques glissant l'un dans l'autre), n'opérait que fort incomplétement la fermeture hermétique que l'on avait en vue. Enfin, les pièces de fermeture n'avaient pas la solidité nécessaire, et, en outre, étaient projetées avec force au moment du feu toutes les fois que, par négligence ou par précipitation, les servants n'avaient pas poussé à fond la vis creuse qui maintient la pièce de culasse. Les accidents les plus déplorables arrivèrent dans un combat insignifiant que l'escadre anglaise de l'est de l'Asie soutint contre les batteries de côte japonaises de Simonosaki, au détroit de Kiou-Siou. En peu de temps, il n'y eut pas moins de *quinze canons Armstrong de 40 l. et de 100 l.* mis hors de service par leur propre feu : 12 par l'éclatement de la pièce de fermeture (dont 1 après 12 coups, 2 après 3 coups et 1 après 2 coups), un par suite du défaut d'obturation (les gaz s'échappant avec violence enlevèrent le pont au-dessus de la pièce, et enfoncèrent fortement la pièce de fermeture dans l'âme), et 2 enfin par le refoulement de la pièce de fermeture.

De tels malheurs devaient naturellement rendre circonspects les partisans les plus décidés d'Armstrong, et la louange de son système, qu'on avait porté aux nues, baissa peu à peu de ton pour faire place bientôt à une vive critique et à d'amers reproches. Armstrong lui-même ne se laissa pas si aisément démonter, et il présenta aussitôt deux nouvelles propositions qui *devaient* faire disparaître entièrement les défauts de ses canons. Pour éviter la perte de temps et de force qu'on faisait en *levant* la pièce de culasse, soit pour la faire sortir, soit pour la faire entrer, il voulait remplacer la fermeture actuelle par une sorte de *fermeture à double coin* que l'on *poussait* latéralement ; on se servait pour ouvrir et fermer d'un étrier à poignée mobile embrassant le coin postérieur dans le sens de sa longueur, et agissant sur lui par choc ; l'obturation était obtenue par un culot de tôle dans le genre de notre culot-obturateur (Prezspahnboden). L'expérience montra bientôt que cette fermeture de culasse n'était pas d'un emploi pratique, et on ne songea pas à en rendre l'usage général.

Dans son autre projet, Armstrong s'écartait complétement du principe du chargement par la culasse, et proposait un mode de chargement par la bouche avec rayures à ressaut (1).

(1) Ces rayures (*shunt-groves*) ont un profil à ressaut ; le flanc de chargement touche au degré inférieur, le flanc de tir au degré supérieur ; les ailettes ou les nervures qui guident le projectile glissent dans la rayure avec un grand vent pendant l'introduction de la charge, et au contraire avec un vent minimum dans le tir.

Les chefs de l'artillerie anglaise se trouvèrent alors dans une situation très-désagréable. D'une part, on était fondé, sous plusieurs rapports, à douter de la possibilité d'employer le système d'artillerie existant, et la confiance qu'on lui avait accordée avec tant d'empressement était ébranlée de fond en comble ; d'un autre côté, le ministère de la guerre était assiégé par une foule d'inventeurs ingénieux armés de propositions et de projets, dont quelques-uns portaient la marque du génie, mais dont la plupart n'étaient pas nés viables ; pour comble, ils étaient, suivant l'usage du pays, soutenus par la réclame avec un zèle incroyable, une infatigable opiniâtreté et à l'aide de tous les moyens possibles. Le premier rang parmi ces émules d'Armstrong revient sans conteste à Joseph Whitworth, de Manchester : ses canons à *âme hexagonale*, appartenaient d'abord au système du chargement *par la culasse* (avec fermeture *à vis et à capsule*) ; il les fit plus tard exclusivement à chargement *par la bouche ;* ils se distinguent par une grande justesse, qualité qui a lieu d'étonner dans des canons de ce dernier système, et par la remarquable ténacité de leur acier.

L'artillerie anglaise prit le seul parti rationnel dans de telles circonstances, et institua, en 1864 et 1865, deux séries extrêmement complètes d'expériences de tir comparatives ; l'une entre des canons de campagne de 12 l., l'autre entre des canons de marine et de côte de 7 p. On admit aux expériences, dans la première série, les deux systèmes d'Armstrong, à chargement par la culasse et à chargement par la bouche, et le système à chargement par la bouche de Whitworth ; dans la deuxième série, les systèmes à chargement par la bouche d'Armstrong, Scott, Lancaster, Jeffery, Britten et le système français. L'espace nous manque pour rapporter, même en abrégé, les détails en partie très-remarquables d'expériences si étendues. Les résultats principaux peuvent se résumer ainsi : les vainqueurs de cette lutte acharnée furent, pour les canons de campagne, *le Whitworth à chargement par la bouche*, et, pour les canons de 7 p., *le canon français*. Ce dernier résultat était, en général, complétement inattendu, et surprit d'autant plus qu'il venait juste au moment où, *en France même, on abandonnait complétement le chargement par la bouche pour l'artillerie de marine et de côte, et on le remplaçait par le chargement par la culasse.*

« Après que le ministère de la guerre anglais, » dit, le 19 décembre 1868, *le Army and Navy Journal*, de New-York, « a gaspillé des millions à fabriquer les pièces rayées « d'Armstrong, en fer forgé et à chargement par la culasse, « après avoir fait nommer l'inventeur baronnet et avoir été « engoué de son joujou presque au point d'en perdre l'esprit, « on abandonne maintenant enfin tout le système et on le « relègue au rang des reliques historiques. »

Les avantages du canon français sur le système à rayures-shunt d'Armstrong furent principalement, aux yeux de l'artillerie anglaise : *la simplicité plus grande dans le système d'ailettes* (6 sur le projectile seulement, 30 avec les rayures shunt), dans le mode de chargement et dans le rayage du canon ; — et aussi la possibilité d'employer les rayures à pas progressif (paraboliques). Le système français fut donc aussitôt adopté et appliqué tout d'abord aux plus gros calibres (8, 9, 10, 11, 12 et 13), non plus sous le nom qu'il avait jusqu'alors porté « French gun, » mais avec la nouvelle appellation « Woolwich gun, » probablement pour ménager la vanité nationale des Anglais et leur chatouilleuse susceptibilité.

Pour l'artillerie de campagne, on adopta aussi, *en principe*, le système de Woolwich, malgré le grand succès que le Whitworth de 12 livres avait remporté sur ses concurrents; mais en considération de la dépense, on conservera provisoirement l'approvisionnement énorme de canons Armstrong à chargement par la culasse : on se contenta de créer pour l'artillerie de campagne *des Indes* un canon de 9 *livres, système de Woolwich, en bronze* (diamètre int. 7^{cm},61), parce que le climat de l'Inde rend très-difficile d'entretenir constamment la fermeture de culasse en bon état de service, et parce que le choix du bronze comme métal, ainsi que la simplicité plus grande du chargement par la bouche et de son approvisionnement, permettent de fabriquer et de réparer ces canons aux Indes mêmes. Mais provisoirement (d'après le « Army and Navy Journal » du 25 mars 1871), on a déjà dû suspendre la fabrication de ce canon adopté l'année précédente, à cause de différents défauts du métal. Une commission qui s'occupe de parer à ces inconvénients, n'a pas encore obtenu de résultats, et, par suite, on fabrique en attendant les canons de 9 livres en fer forgé, avec âme d'acier.

Le *canon de l'avenir* de l'artillerie de campagne anglaise sera probablement de 16 livres, système de Woolwich (diam. int. 9^{cm},14 ; — poids 610 kilog.), à côté duquel on aura deux canons de 7 livres, de montagne, se chargeant par la bouche, l'un en bronze, l'autre en acier. Le canon de 16 sera formé de manchons en fer forgé appliqués sur une âme d'acier, non plus d'après les procédés d'Armstrong; mais comme récemment tous les canons de Woolwich, d'après ceux de Fraser, *qui a réduit considérablement le nombre des manchons.*

Nous nous sommes étendus beaucoup sur l'artillerie de campagne *anglaise*. Les transformations multipliées et un peu embrouillées de ces dix dernières années nous ont conduits à lui consacrer plus d'espace que n'en demandent les artilleries des autres puissances.

La FRANCE fut le premier de tous les Etats qui employa des canons de campagne rayés. *Le canon de 4 rayé, se chargeant par la bouche,* adopté en 1858, parut dans la guerre d'Italie, en 1859. Dans la première quinzaine de mai (ainsi avant Montebello), l'armée française possédait déjà, à côté de 10 batteries lisses et de 4 batteries de fusées, 222 canons rayés en 37 batteries, et elle en reçut encore quelques autres avant Magenta ; sur les champs de bataille de Montebello, Palestro, Magenta et Melegnano, dont la configuration favorisait peu, d'ailleurs, l'emploi de l'artillerie, les canons rayés français n'obtinrent pas une supériorité marquée sur les canons lisses des Autrichiens ; et, si à Solferino, particulièrement dans la lutte vers Cavriana, le Campo-di-Medole et le Monte Fontana, l'artillerie autrichienne ne put tenir contre l'artillerie française, ce fut moins par l'infériorité de ses propriétés balistiques, que par son emploi défectueux (1) ; pendant que les Français mettaient en ligne 80 canons, rien qu'au Campo, et faisaient sur tous les points l'emploi le plus large de leur artillerie, les Autrichiens n'amenèrent au combat que 46 batteries (qui tirèrent en tout 10,776 coups, soit une moyenne de 29 coups par pièce) ; de plus, ils ne les firent apparaître que par masses séparées, et ne tirèrent pas un seul coup avec les 100 canons de leur réserve générale d'artillerie.

L'empereur des Français s'était sans doute suffisamment convaincu dans cette campagne des qualités attribuées au système La Hitte, qui devait le jour à sa protection personnelle, car la même année (1859), l'artillerie française adopta encore un canon rayé de 4 de montagne et un canon rayé de 12. Le diamètre intérieur du 4 (de campagne et de montagne) est $8^{cm},65$; celui du 12 est $12^{cm},13$. Ces canons sont

(1) Les Autrichiens avouent eux-mêmes que leur artillerie, tenue à distance par la portée supérieure des canons ennemis, fut par là empêchée de se déployer dans une proportion suffisante. (V. *Mittheilungen des Oesterreichischen Militär-Comites*. Année 1871, page 175.)

en bronze et ont 6 rayures de profil trapézoïdal, allant de gauche à droite et à pas constant. Le canon de 12 n'était autre que l'ancien canon-obusier de 12 (canon Napoléon), qui avait débuté en Crimée.

Les défauts du système La Hitte ne sont rien moins qu'insignifiants.

Le *manque de justesse absolue*, vice originel de tous les canons se chargeant par la bouche, n'est dans aucun poussé si loin que dans ce système primitif, qui se comporte également mal au point de vue de *la longueur de l'espace dangereux* : cette longueur, qui est la mesure de l'effet probable, est d'une importance capitale, surtout dans la guerre de campagne, où l'on fait feu à des distances presque toujours inconnues et fréquemment estimées à faux. Ce défaut tient à ce que le rapport du poids du projectile à la surface de sa section a une valeur trop petite, ce qui augmente l'effet de la résistance de l'air, et aussi à ce que le poids de la charge de poudre est trop faible (surtout dans le 12), pour *des canons se chargeant par la bouche;* en sorte que le 12 n'est pour ainsi dire qu'une *baliste* rayée, dont l'utilité dans la guerre de campagne est très-contestable.

Pour ces mêmes raisons, les canons français n'ont, toutes proportions gardées, que de *très-faibles portées maxima*, et ceci ne peut être négligé, maintenant que le tir de l'artillerie, comme celui de l'infanterie, commence souvent à des distances si considérables.

Enfin l'*effet meurtrier des projectiles* est fortement amoindri par l'*organisation extrêmement défectueuse des différentes fusées*. Les *fusées percutantes pour obus* n'ont pas la qualité essentielle de cette espèce d'artifices, la *sensibilité*, et ne peuvent produire de bons effets dans tous les cas ; en effet elles ne fonctionnent régulièrement que lorsque le projectile *pénètre* dans un milieu résistant et non lorsqu'il ne fait que *ricocher*. La *fusée fusante pour obus à balles* peut être réglée pour 4 distances seulement (3 avant 1864), et celle *pour obus ordinaires*, pour 2 distances (6 avant 1860) : avec des projectiles armés de telles fusées, il faut être particulièrement favorisé du hasard, rien que pour se trouver dans les limites où leurs effets d'éclatement *aient quelques chances* de causer des dommages à l'ennemi.

Ces vices nombreux et importants du système La Hitte n'échappaient pas à l'intelligence de la plupart des officiers d'artillerie français ; mais tous les mémoires qu'on adressait au comité supérieur de l'artillerie, dans le but de ramener à leur juste appréciation les avantages soi-disant remarquables du système français, avaient beau trouver un appui énergique dans l'avis éclairé des hommes capables (tels que le colonel Stoffel, attaché militaire à l'ambassade de Berlin, et bien d'autres), leurs auteurs échouaient quand même, ils n'obtenaient qu'un accueil très-rude et une fin de non-recevoir fort nette (1). Avec cet argument détestable, mais tout français, et qu'on a pu entendre assez souvent alors « mais nous avons été les premiers à introduire les canons rayés, » l'artillerie française est réellement restée dans le *statu quo* pendant près de dix ans, et une telle immobilité dans ces temps de progrès sans trêve équivaut à une marche à reculons.

Cependant on introduisit en 1864 dans *l'artillerie de marine et de côte* des canons rayés de 16, 19, 24 et 27^{cm}, *à chargement par la culasse* (2) : les projectiles ne sont pas

---

(1) A la suite de ces lignes, l'auteur allemand porte encore des jugements qui s'expliquent sous la plume d'un étranger, mais que nous regretterions de reproduire ici. La responsabilité de nos erreurs et de nos fautes atteint tout le monde, depuis le général jusqu'au simple soldat (souvenons-nous-en), et non pas seulement des hommes dont la tâche était d'autant plus difficile, qu'ils se trouvaient plus haut placés, et dont le patriotisme et la science sont incontestés. (*N. de la R.*)

(2) Ces canons sont en fonte; des cercles d'acier puddlé, placés à

forcés par le plomb, comme dans le système prussien, mais sont guidés par des *ailettes* et conservent le vent des pièces antérieures à chargement par la bouche. Ensuite on se mit, trois ans plus tard, à expérimenter une *pièce de campagne se chargeant par la culasse*, mais les expériences furent poussées mollement et tombèrent peu à peu dans l'oubli, de sorte qu'en 1869, aux canons de campagne se chargeant par la bouche déjà existants, vint s'ajouter un troisième calibre, le 8 ; ce canon, obtenu en rayant l'ancien canon lisse de 8, devait remplacer le 12, destiné à disparaître peu à peu de l'artillerie de campagne.

Cependant les résultats des expériences belges (la Belgique avait adopté le système prussien dès l'origine) excitèrent enfin l'attention de l'artillerie française tellement que le ministère de la guerre se vit forcé d'envoyer en Belgique un officier supérieur qui devait se rendre compte, sur les lieux même, du véritable état de la question. On avait espéré que le rapport de cet officier ferait rentrer dans le néant tous les doutes sur la perfection du système français ; mais il s'exprima tout au contraire de la façon la plus nette en faveur du système belge et atteignit ainsi, à l'endroit le plus sensible, ceux qui faisaient jusqu'alors la loi à toute l'artillerie et qui ne pouvaient se refuser plus longtemps à mettre en application les conséquences d'un jugement si bien fondé et presque indiscutable. Ce différent ne s'éleva que quelques mois avant la guerre franco-allemande que l'on prévoyait déjà en France, et il parut impossible dans un tel moment d'apporter au système actuel des modifications efficaces et d'avoir le temps de les exécuter avant le début de cette lutte provoquée avec tant de témérité. Cependant ce qui paraissait impos-

chaud, les renforcent à la culasse; ils ont une fermeture de culasse à vis. Les rayures, à pas progressif, tournent de droite à gauche.

sible fut fait, mais dans un sens qui était réellement loin de mener au but : tout à fait au commencement de la guerre, on remplaça une des trois batteries montées, de 4, de chacune des 25 divisions d'infanterie françaises par une batterie des mitrailleuses tant vantées (canons à balles), et on diminua par là encore bien plus la puissance de l'artillerie française qui, aux défauts essentiels du système énumérés plus haut, joignait déjà avant cette mesure la faiblesse du nombre. Il ne faut donc pas s'étonner, si l'artillerie allemande s'est montrée supérieure à son adversaire en tous temps, en tous lieux et à tous les points de vue, et est sortie toujours victorieuse de combats même très-inégaux. Ces sévères leçons devaient pourtant avoir des résultats profitables aux Français, si rudement éprouvés, et exercer une influence décisive sur la réforme radicale de leur artillerie. Il était réservé au général de division Trochu, alors gouverneur de Paris, de prendre sur ce point l'initiative et de faire avancer d'un grand pas le perfectionnement du matériel d'artillerie français. Sous sa direction, on construisit pendant le blocus de Paris un canon *de 7, en bronze, se chargeant par la culasse*, dit « canon Trochu » (diam. int. 8^{cm} 51), dont la fermeture de culasse à vis est semblable à celle de la marine française, et qui, en outre, est fait comme les *canons prussiens*, pour le *forcement par le plomb*. Plusieurs fabricants de Paris livrèrent un nombre assez considérable de canons de ce modèle, environ 100, qui jouèrent un certain rôle dans les combats de la Commune contre les troupes du gouvernement de Versailles, et qui seront probablement le noyau de l'artillerie de campagne française de l'avenir.

En AUTRICHE, après avoir, dans la malheureuse campagne d'Italie de 1859, opposé des canons lisses aux canons rayés français, on considéra *l'introduction immédiate du système*

La Hitte comme une nécessité morale (1), quoiqu'on fut parfaitement convaincu de ses grands défauts : ce n'était qu'un *expédient*, en attendant mieux. On obtenait ainsi une économie importante de temps et d'argent, car on transformait les canons lisses de l'artillerie de campagne en canons rayés par le procédé le plus simple et le moins coûteux.

L'exécution de cette mesure était à peine commencée, que le système La Hitte fut complétement abandonné pour les *canons à fulmi-coton*. Les expériences sur le coton-poudre étaient suivies depuis longtemps, et d'après les résultats obtenus, on crut pouvoir commencer immédiatement l'étude de son emploi dans les armes de guerre. On fabriqua dans ce but des canons qui furent soumis aux épreuves les plus étendues et les plus complètes : les résultats parurent si favorables qu'on se décida formellement pour ce système, et l'on se mit à l'exécuter en grand.

Mais à peine les troupes avaient-elles reçu des arsenaux et mis en service le nouveau matériel, qu'il s'éleva une tempête formidable de protestations et de critiques : les rapports de plusieurs régiments et les représentations de beaucoup d'officiers de haut grade, tant de l'artillerie que des autres armes, étaient conçus en termes si nets, que l'on fut forcé de renoncer aussitôt aux canons à fulmi-coton, et (pour la troisième fois en quatre ans!) on se mit à la recherche d'un nouveau système. Les circonstances faisaient à la commission chargée de l'élaborer et de l'expérimenter une situation pour ainsi dire forcée, car il fallait, dans un délai aussi court que possible, doter d'un canon propre à la guerre l'artillerie autrichienne, qui n'en possédait pas encore. Pour ne pas perdre de temps, on résolut d'appliquer à la nouvelle création les bases de la construction du sys-

---

(1) V. *Mittheilungen des Oesterreichischen Militär-Comites*. An. 1871 page 170.

tème à coton-poudre. C'est ainsi que le système qui existe encore, vit le jour en 1863 : il comprend deux canons rayés de campagne de 4 et de 8 (8°,08 et 10°,04 de diam. int.) et un canon de montagne de 3 (7°,25). Ces canons sont *en bronze, se chargent par la bouche*; ils ont 6 rayures (8 pour le canon de 8) dites *en arc de cercle*, dont le profil est à dents de scie et le pas constant ; elles vont de gauche à droite. Le projectile est guidé au moyen d'une chemise en alliage de zinc et d'étain, munie de 6 (ou 8) nervures, qui correspondent aux rayures. Par suite de la nature particulière de la rayure, il suffit de faire tourner le projectile sur lui-même, lorsqu'il est à fond, pour le *centrer* complétement et répartir *uniformément* le vent, qui est considérable ; dans le tir, le flanc de la rayure maintient le centrage du projectile. L'avantage essentiel de ce système de rayures, indépendamment de la facilité que la grandeur du vent donne pour charger, est dans sa justesse, relativement très-grande : sous ce rapport le canon autrichien l'emporte sur presque tous ceux qui se chargent par la bouche, il n'est dépassé que par le canon Whitworth à âme polygonale, dont nous avons parlé plus haut. Il a fait ses preuves dans les campagnes de 1864 et 1866, à la satisfaction générale de l'artillerie autrichienne, mais dans ces derniers temps, plusieurs voix se sont élevées contre lui en Autriche ; on a même prétendu qu'il n'était plus à la hauteur des progrès récents de l'artillerie, et qu'il était urgent de le remplacer par un autre, peut-être à chargement par la culasse. Enfin cette opinion se fit jour jusqu'aux plus hautes sphères militaires, et l'on institua en 1870 une commission spéciale mixte « pour la solution de problèmes d'artillerie ; » on lui soumit douze questions sur la puissance relative du système actuel d'artillerie de campagne, examinée à différents points de vue, sur l'adoption des mitrailleuses et le perfectionnement des fusées de guerre (1). Cette commission exécuta quelques expériences de tir comparatives, mais qui devaient présenter bien des lacunes, puisque, faute de canons étrangers, elle n'y put faire participer (et encore pour une faible partie des expériences), qu'un canon prussien de 9, se chargeant par la culasse, et dans le tir à mitraille, elle ne compara à la mitrailleuse Montigny que des canons ou obusiers de campagne *lisses*, prussiens, autrichiens et français. En outre la commission mit à profit quelques données sur les propriétés balistiques des artilleries étrangères et enfin elle rassembla un choix, d'ailleurs assez singulier, d'exemples historiques de l'emploi et de l'efficacité de l'artillerie sur les champs de bataille. Munie de ces éléments, elle se mit à discuter et à élucider à fond les questions qu'on lui avait posées, et, en définitive, résolut de *conserver provisoirement le système actuel, sans d'ailleurs méconnaître en aucune façon la supériorité de justesse et d'effets du chargement par la culasse*, sous la condition d'apporter des améliorations sur divers points (augmentation du nombre des shrapnels, des effets d'éclatement des obus, perfectionnement des boîtes à mitraille, etc.) — On se décida en outre *pour* l'adoption des mitrailleuses (système Montigny), qui seraient assignées à l'artillerie de division par batteries de quatre pièces, et enfin on proposa de continuer les études sur les fusées pour les perfectionner le plus possible. Une minorité de quatre voix protesta très-nettement contre cette dernière résolution, déclarant que « les fusées avaient fait leur temps, qu'il ne fallait plus dépenser un kreutzer pour les améliorer, mais *laisser cela aux autres puissances.* » (Auxquelles ? Malheureusement le rapport ne le dit pas).

---

(1) V. *Mittheilungen des Oesterreichischen Militär-Comites.* An. 1871 pages 167 à 213.

Pour cette fois le système d'artillerie de campagne autrichien est donc sorti vainqueur de cette tempête qui menaçait de l'engloutir; mais il est facile de prévoir qu'une attaque dans le même sens se répétera plus énergiquement tôt ou tard, et que cette lutte sur les principes pourra bien alors avoir une conclusion toute différente de celle de 1870.

L'artillerie de campagne de la RUSSIE (1), en passant des canons lisses aux canons rayés, a traversé aussi plusieurs phases différentes d'où est résultée la variété actuelle de ses divers modèles.

Après la guerre de 1859, on se décida tout d'abord, comme l'Autriche, pour le système français La Hitte, à chargement par la bouche ; mais pourtant les pièces de 4 rayé n'entraient encore en 1866 que pour le quart dans l'armement des batteries. Les batailles de cette époque prouvèrent clairement qu'on ne peut admettre que des canons rayés dans une artillerie de campagne rationnelle ; et après des expériences nombreuses qui établirent la supériorité marquée du chargement par la culasse sur le chargement par la bouche, on résolut d'abandonner complétement le système La Hitte pour *les canons de 4 et de 9 du système prussien, à chargement par la culasse.* L'achèvement de cette mesure demandait beaucoup de temps et d'argent (on avait à fabriquer en tout 1,300 canons de 4 et 450 de 9), et il fallait que pendant la durée de cette transformation l'artillerie russe restât constamment prête à faire campagne : aussi fut-il ordonné que pendant cette période de transition, outre les canons de 4, en bronze, se chargeant par la bouche, qu'on avait déjà, l'armement *provisoire* des batteries de campagne comporterait des canons de 12 en bronze, se chargeant par la bouche (transformation

---

(1) *Militair-Wochenblatt*, an. 1869, n° 70, d'après l'*Invalide russe*.

des anciens canons lisses de ce calibre), et des canons de 4 en acier fondu se chargeant par la culasse.

Cependant la fabrication des canons de 4 et de 9, se chargeant par la culasse, qui devaient former l'armement réglementaire et définitif des batteries de campagne, marcha si rapidement que, dès 1869, on pouvait la regarder comme terminée.

Ce résultat, obtenu grâce à la paix, était dû en partie à l'énorme puissance de production de l'usine d'acier fondu de Krupp, à Essen (elle fournissait les canons d'acier que les fabriques russes n'avaient pu réussir), et en partie à l'agrandissement considérable des arsenaux impériaux de St-Pétersbourg et de Brjansk, où se faisaient les canons de bronze.

Une production si complexe et si précipitée ne pouvait manquer d'avoir quelques fâcheuses conséquences : elle a surtout amené le manque d'unité, car dans les canons de campagne russes d'aujourd'hui on ne compte pas moins de 6 modèles, à savoir :

1º Le 4 en bronze, avec fermeture à coin prismatique (système suisse) ;

2º Le 4 en acier fondu, avec fermeture à double coin ;

3º Le 4 en acier fondu avec fermeture à coin prismatique (système Krupp) ;

4º Le 4 en acier fondu, avec fermeture à coin rond (système Krupp) ;

5º Le 9, en bronze, avec fermeture à coin prismatique ;

6º Le 9, en acier fondu, avec fermeture à coin rond.

L'obturation est obtenue dans ces différents systèmes par l'anneau de Broadwell.

Le diamètre intérieur du canon de 4 (à proprement parler de 5) est $8^{cm}67$; celui du 9, $10^{cm}67$.

Enfin il y a encore un canon de 3 rayé, de montagne, en

bronze, se chargeant par la culasse (diam. int. 7^{cm} 61).

Il faut mentionner que la Russie est jusqu'à présent la seule grande puissance (1) dont l'artillerie de campagne, à côté de plus anciens modèles d'affûts en bois (mod. 1845) transformés, emploie aussi des *affûts à flasques en tôle* pour les canons de 4 et de 9. L'affût de 4, en tôle, construit en 1855 par le colonel Fischer, de l'artillerie à cheval de la garde, présente cette particularité remarquable, (bien qu'elle ne semble pas à imiter), que sa partie supérieure peut tourner autour d'un pivot antérieur : on obtient ainsi de petits déplacements latéraux, à l'aide d'une machine de pointage spéciale.

En Prusse enfin, on travailla dix années à exécuter jusqu'au bout des expériences (2) aussi étendues que complètes sur les canons rayés se chargeant par la culasse, sans se laisser influencer par les idées étrangères, et enfin on se décida en 1860 pour un canon de campagne de 9^{cm} (6 livres) en acier; on avait adopté déjà, en 1857, immédiatement après les expériences de Schweidnitz, des canons rayés, se chargeant par la culasse, de 9, 12 et 15^{cm} (6, 12 et 24 liv.) pour l'artillerie de siège et de place.

Le canon d'acier de 9 ^{cm} (9^{cm}16) est pourvu de l'appareil Wahrendorf ou Kolbenverschlus (fermeture à verrou ?), dans lequel l'obturation s'obtient par un culot de carton, en forme de godet. Le projectile est guidé dans les rayures, de profil trapézoïdal, de pas constant, et dirigées de gauche à droite, par une chemise de plomb qui l'enveloppe, et remplit complétement l'âme, opérant ainsi une fermeture hermétique; dans le tir, les cloisons s'impriment dans la che-

---

(1) Si l'on ne tient pas compte des canons anglais de 9, en bronze, destinés aux Indes (v. plus haut), dont les affûts sont également en tôle.

(2) Voir, pour le détail de ces expériences, dans les années 1868 et 1870 du *Militair Wochenblatt*, « die ersten Versuche in Preuszen mit gezogenen Geschützen. »

mise de plomb, et le projectile prend ainsi le mouvement de rotation à droite autour de son grand axe. *Ce mode de forcement du projectile et le chargement par la culasse sont les caractères distinctifs du système prussien.*

On arma de ces canons de 9 en acier les batteries n°s 4, 5 et 6, de chaque régiment d'artillerie de campagne, qui avaient jusque-là le 12 lisse; de sorte que, sur le pied de guerre, l'artillerie de campagne possédait à cette époque 8 × 3 × 9 = 216 canons rayés.

Presque au même moment, on entreprit les études *sur un canon de campagne rayé plus léger*, et on mit en service, en 1865, le canon de 8^{cm} en acier (4 livres). Cette pièce fut assignée aux 3 batteries de chaque régiment qui étaient armées d'obusiers de 7 liv. En même temps, on transforma (sur le pied de guerre) ces 3 batteries de 8 pièces en 4 batteries de 6 pièces, comme on l'avait déjà fait en 1864 pour les autres batteries montées de 6¹ et de 12¹. Peu de temps avant la guerre de 1866, les batteries n°s 1 et 2, jusqu'alors de 12, reçurent des canons rayés de 8^{cm}, de sorte que chaque régiment possédait alors 6 batteries de 4 et 4 batteries de 6

Le canon d'acier de 8^{cm} m^{le}/64 (7^{cm}85 de diam. int), au lieu de la fermeture à verrou avec culot obturateur de carton, avait la fermeture *à double coin* avec anneau obturateur en cuivre, et au lieu des *rayures parallèles*, comme celles du 9^{cm}, avait des *rayures dites en coin*, c'est-à-dire des rayures dans lesquelles les cloisons vont en s'élargissant vers la bouche (se développent donc en forme de coin); elles donnent un forcement plus complet et plus assuré que les rayures parallèles.

Quelques canons et quelques systèmes de culasse de 8^{cm} m^{le}/64, causèrent des accidents par manque de solidité, dans la guerre de 1866; on fut amené ainsi au modèle renforcé m^{le}/67, qui fut assigné dans chaque régiment aux 6 batteries déjà existantes de 8^{cm} et aussi aux 3 batteries à cheval armées jusqu'alors des canons lisses de 12 courts; en même temps, les deux batteries montées de 12 qui restaient encore dans chaque régiment, reçurent des canons rayés de 9^{cm}. L'artillerie de campagne prussienne comptait donc, dans sa nouvelle organisation en 12 régiments, 72 batteries montées de 8^{cm} (légères), 72 de 9^{cm} (lourdes), et 36 batteries à cheval de 8^{cm}, en tout 1,080 canons rayés se chargeant par la culasse; et c'est ainsi organisée, (indépendamment des batteries de la réserve qui vinrent s'y ajouter après la mobilisation), qu'elle prit part à la guerre franco-allemande de 1870-71.

Les canons rayés prussiens pendant les sept ans qui viennent de s'écouler, ont joué dans trois campagnes un rôle glorieux. Dans la guerre de 1864, contre le Danemarck, on n'employa que 50 canons rayés de campagne (8 de 8^{cm} et 42 de 9^{cm}): cette faiblesse numérique, l'importance relativement secondaire des efforts et la nature particulière de la plupart des combats de cette lutte, qui pour la plupart furent des attaques de positions fortifiées et non de vraies batailles en rase campagne, ne permirent pas de conclure définitivement sur *l'emploi dans la guerre de campagne des canons se chargeant par la culasse,* bien que ces 50 pièces se fussent d'ailleurs toujours parfaitement comportées.

Dans la guerre de 1866 contre l'Autriche et ses alliés, les Prussiens mirent en ligne 324 canons de 8^{cm}, et 234 de 9^{cm}, en tout 558 canons rayés (à côté de 342 canons lisses de 12 courts), qui tirèrent 31,221 coups, ou, en moyenne, 56 par pièce. Cette guerre ne permit pas à l'artillerie de produire les effets qu'on était en droit d'espérer et même d'exiger d'elle, si les circonstances avaient été plus favorables : cela tint principalement au nombre trop faible des canons rayés, les canons lisses de 12 étant pour ainsi dire annihilés ; de plus, à l'ordre de marche employé, très-défavorable au déploiement rapide de l'artillerie ; et, enfin, au caractère particulier des combats qui se livrèrent en grande partie pour conquérir des défilés longs et difficiles, et qui furent décidés presque tous avec une rapidité étonnante par le feu si hautement supérieur de notre infanterie.

Mais cependant, après les enseignements de cette campagne, il ne pouvait plus rester le moindre doute sur la possibilité d'employer le système d'artillerie prussien à la guerre ; les derniers arguments que les adversaires du chargement par la culasse voulaient tirer du peu de durée de la guerre et de la beauté de la saison où elle s'était faite, furent réfutés de la façon la meilleure et la plus complète par les faits, dans la guerre franco-allemande de 1870-71.

Dans cette lutte de 7 mois, qui se passa en grande partie pendant un hiver exceptionnellement rude, les Allemands ont fait usage d'environ 1,600 canons de campagne se chargeant par la culasse (en comptant les batteries de la réserve, et les contingents de la Saxe, de la Hesse et de l'Allemagne du Sud). Cette artillerie a joué un rôle saillant dans tous les combats de quelque importance, et son action a été décisive dans plus d'une bataille, grâce, soit à son nombre, soit à son emploi aussi hardi qu'habile. Malgré des efforts souvent épouvantables, malgré la rigueur extrême de la température et la consommation vraiment énorme de munitions que nécessitaient la multiplicité et l'efficacité de leur action, nos canons ont justifié sous tous les rapports les espérances que l'on pouvait raisonnablement concevoir *dans de telles circonstances*, et, notamment, ils ont montré une supériorité considérable et sans réserve sur les canons se chargeant par la bouche qui leur étaient opposés dans les rangs ennemis.

On peut donc espérer que désormais les canons de campagne prussiens se chargeant par la culasse obtiendront pleine et entière justice, aussi bien des défenseurs du chargement par la bouche que des partisans (s'il est possible d'en trouver encore aujourd'hui) de ce réformateur radical de l'artillerie, qui depuis quelques années a excité l'attention, plutôt, il est vrai, par l'originalité baroque de son style que par la force convaincante de ses arguments : malheureusement ses phrases chimériques et ses théories singulières ont su se faire écouter même par des hommes que leur connaissance de l'artillerie en devait mettre à l'abri, et qui l'ont approuvé, lorsqu'il prêchait très-sérieusement et avec beaucoup d'emphase, le « demi-tour » de l'artillerie et sa marche rétrograde vers les anciens canons lisses (1).

Mais si nos canons de campagne ont, d'après notre avis très-décidé, occupé jusqu'ici le premier rang sous tous les rapports, il ne faut pourtant pas conclure qu'ils soient arrivés à l'extrême perfection et ne puissent plus recevoir d'améliorations efficaces.

Au contraire, il nous semble qu'on peut maintenant déterminer avec netteté la route par laquelle notre système doit marcher le plus tôt possible à la recherche du progrès.

Suivant la marche naturelle, comme lors du développement de la question du fusil à aiguille, nous devons nous efforcer (indépendamment de quelques questions techniques spéciales d'importance secondaire), *d'augmenter, dans la limite du possible, la tension de la trajectoire, et par là même, la longueur de l'espace dangereux et l'effet probable du tir.*

Quoique notre artillerie ne soit dépassée en rien par aucune autre, nous devons porter toute notre attention sur cette propriété dont nous avons célébré plus haut la grande valeur dans la guerre de campagne, et nous conquerrons par

---

(1) Arkolay (?).

elle la supériorité décisive sur nos concurrents et nos adversaires d'hier.

Nous réservons pour un autre moment une discussion approfondie sur les voies et moyens qui pourront nous conduire de la façon la plus simple et la plus sûre à ce résultat, ainsi que sur les conséquences qu'entraînerait forcément une marche rationnelle vers ce but.

CH. TANERA, ÉDITEUR

LIBRAIRIE POUR L'ART MILITAIRE ET LES SCIENCES

RUE DE SAVOIE, 6, A PARIS

EXTRAIT DU CATALOGUE

ARTILLERIE (L') de campagne française; étude comparative du canon rayé français et des canons étrangers. Br. in-8°.   1 fr. 50

BORMANN. — Nouvel obus pour bouches à feu rayées. Br. in-8° avec planche. . . . . 2 fr.

CHARRIN. — Le revolver, ses défauts et les améliorations qu'il devrait subir au point de vue de l'attaque et de la défense individuelles. Br. in-8°. . . . . 1 fr.

CHARRIN. — De l'emploi d'un abri improvisé, expéditif et efficace pour protéger le fantassin contre les balles de l'ennemi. Le havre-sac pare-balles. Br. in-8° avec figures. . . 1 fr. 25

COYNART (DE). — Précis de la guerre des États-Unis d'Amérique. 1 vol. in-8°. . . . . 5 fr.

COSTA DE SERDA. — Les chemins de fer au point de vue militaire. Extrait des instructions officielles et traduit de l'allemand. 1 vol. in-8°. . . . . 3 fr.

FIX. — La télégraphie militaire; résumé des conférences faites à l'École d'application du corps d'état-major. Br. grand in-8° avec planche. . . . . 2 fr. 50

FRITSCH-LANG. — L'artillerie rayée prussienne à l'attaque de Düppel, d'après les auteurs allemands. Br. in-8° avec carte. 2 fr. 50

GRATRY. — Essai sur les ponts mobiles militaires. 1 vol. grand in-8° avec planches. . . . . 8 fr.

GRATRY. — Description des appareils de maçonnerie les plus remarquables employés dans les constructions en briques. 1 vol. grand in-8° avec de nombreuses gravures sur bois . . 6 fr.

HENRY. — Essai sur la tactique élémentaire de l'infanterie, mise en rapport avec le perfectionnement des armes. Br. in-8° avec figures . . . . 2 fr.

LE BOULENGÉ. — Études de balistique expérimentale. Détermination au moyen de la clepsydre électrique de la durée des trajectoires; expériences exécutées avec cet instrument; lois de la résistance de l'air sur les projectiles des canons rayés déduites des résultats obtenus. Br. in-8° avec planches. . . . 4 fr.

LECOMTE. — Études d'histoire militaire, antiquité et moyen âge. 1 vol. in-8º . . . . 5 fr.

LECOMTE. — Études d'histoire militaire, temps modernes jusqu'à la fin du règne de Louis XIV. 1 vol. in-8º. . . . . . 5 fr.

LECOMTE. — Guerre de la Prusse et de l'Italie contre l'Autriche et la Confédération germanique en 1866 ; relation historique et critique. 2 vol. grand in-8º avec cartes et plans. . . 20 fr.

LECOMTE. — Guerre de la sécession ; Esquisse des événements militaires et politiques des États-Unis, de 1861 à 1865. 3 vol. grand in-8º avec cartes. . . . . 15 fr.

LECOMTE. — Le général Jomini, sa vie et ses écrits. Esquisse biographique et stratégique. 1 vol. in-8º avec carte. 7 fr. 50

LIBIOULLE. — Le revolver Galand, nouveau système à percussion centrale et extracteur automatique. Br. in-8º avec fig. 1 fr.

LULLIER. — La vérité sur la campagne de Bohême en 1866, ou les quatre grandes fautes militaires des Prussiens. Br. in-8º. 1 fr.

MANGEOT. — Traité du fusil de chasse et des armes de précision, nouvelle édition. 1 vol. in-8º avec figures dans le texte. et planches . . . . 5 fr.

MARNIER. — Souvenirs de guerre en temps de paix : 1793, 1806, 1823, 1862, récits historiques et anecdotiques extraits de ses Mémoires inédits. 1 vol. in-8º. . . . . 3 fr.

MOSCHELL. — De l'effet du tir à la guerre et de ses causes perturbatrices. Br. in-8º. . . . . 1 fr.

ODIARDI. — Des nouvelles armes à feu portatives adoptées ou à l'étude dans l'armée italienne. Br. in-8º avec planche. . 2 fr.

ODIARDI. — Des balles explosibles et incendiaires. Br. in-8º avec planche. . . . . 2 fr.

PIRON. — Manuel théorique du mineur ; nouvelle théorie des mines, précédée d'un exposé critique de la méthode en usage pour calculer la charge et les effets des fourneaux, et d'une étude sur la poudre de guerre. 1 vol. grand in-8º avec pl. 12 fr.

PIRON. — Essai sur la défense des eaux et sur la construction des barrages. 1 vol. grand in-8º avec planches. . . . 6 fr.

PLOENNIES (DE). — Le fusil à aiguille, notes et observations critiques sur l'arme à feu se chargeant par la culasse, traduit de l'allemand par E. Heydt. Br. in-8º avec planche. . . . 3 fr.

QUESTIONS de stratégie et d'organisation militaire relative aux événements de la guerre de Bohême, par un officier général (Jomini). Br. in-8º. . . . . 1 fr.

SCHMIDT. — Le développement des armes à feu et autres engins de guerre, depuis l'invention de la poudre à tirer jusqu'aux temps modernes. 1 vol. in-8°, avec 107 planches. . . 10 fr.

SCHOTT. — Des forts détachés, traduit de l'allemand par Bacharach. Br. in-8° avec planche . . . . 2 fr.

SCHULTZE. — La nouvelle poudre à canon, dite poudre Schultze, et ses avantages sur la poudre à canon ordinaire et autres produits analogues. Traduit de l'allemand par W. Reymond. Brochure in-8°. . . . . 2 fr.

TACKELS. — Étude sur le pistolet au point de vue de l'armement des officiers. Br. in-8° avec figures . . . . 1 fr. 50

TACKELS. — Conférences sur le tir, et projets divers relatifs au nouvel armement. 1 vol. in-8° avec planches . . . 5 fr.

TACKELS. — Étude sur les armes à feu portatives, les projectiles et les armes se chargeant par la culasse. 1 vol. in-8° avec pl. 6 fr.

TACKELS. — Les fusils Chassepot et Albini, adoptés respectivement en France et en Belgique. Br. in-8° avec planches. 2 fr.

TACKELS. — Armes de guerre; Étude pratique sur les armes se chargeant par la culasse; les mitrailleuses et leurs munitions; le canon Montigny-Eberhaerd; le fusil Montigny; les fusils Charrin, Remington, Jenks, Cochran, Howard. Peabody, Dreyse, Chassepot, Snider, Terssen, Albini; les cartouches périphériques, etc., etc. 1 vol. in-8° avec planches. . . . . . 8 fr.

TACKELS. — La carabine Tackels-Gerard, nouveau système de culasse mobile, dite à bloc, à percussion centrale pour armes de guerre. Br. in-8° . . . . 50 c.

TACKELS. — Le nouvel armement de la cavalerie depuis l'adoption de l'arme se chargeant par la culasse. 1 vol. in-8°, avec planches. . . . . 5 fr.

UNGER. — Histoire critique des exploits et vicissitudes de la cavalerie pendant les guerres de la Révolution et de l'Empire jusqu'à l'armistice du 4 juin 1813, d'après l'allemand. 2 volumes in-8° . . . . 12 fr.

VANDEVELDE. — La tactique appliquée au terrain. 1 vol. in-8° avec atlas. . . . . 7 fr. 50

VANDEVELDE. — Manuel de reconnaissances, d'art et de sciences militaires, ou Aide-mémoire pour servir à l'officier en campagne. 1 vol. in-18 avec planches . . . . 5 fr.

VANDEVELDE. — Précis historique et critique de la campagne d'Italie en 1859. 1 vol. in-8° avec cartes et plans. . . 12 fr.

VANDEVELDE. — La guerre de 1866 en Allemagne et en Italie. 1 vol. in-8° avec cartes . . . . 6 fr.

VANDEVELDE. — Commentaire sur la tactique à propos du moire militaire par le prince Frédéric-Charles de Pr. Br. in-8°. . . . .

VARNHAGEN VON ENSE. — Vie de Seydlitz, traduit de l'allem. par Savin de Larclause. 1 vol. in-8° avec portrait et plans.

VERTRAY. — Album de l'expédition française en Italie en 1849, contenant 14 dessins, 4 cartes topographiques indiquant les opérations militaires, avec un texte explicatif. 1 vol. grand in-folio. . . . . 10 fr.

WAUWERMANS. — Mines militaires. Études sur la science du mineur et les effets dynamiques de la poudre (application de la thermodynamique). 1 vol. in-8° avec planches . . . 7 fr. 50

WAUWERMANS. — Applications nouvelles de la science et de l'industrie à l'art de la guerre. — Télégraphie militaire. — Aérostation. — Eclairage de guerre. — Inflammation des mines. 1 vol. in-8° avec figures. . . . . 4 fr.

NOUVELLES PUBLICATIONS

BAYLE. — L'électricité appliquée à l'art de la guerre. Br. grand in-8° avec planches. . . . . 3 fr.

BODY. — Aide-Mémoire portatif de campagne pour l'emploi des chemins de fer en temps de guerre, d'après les derniers événements et les documents les plus récents. 1 vol. in-18 avec planches . . . . 4 fr.

FIX. — Guide de l'officier et du sous-officier aux avant-postes, d'après les meilleurs auteurs. 1 vol. in-18 . . . . 2 fr 50

ODIARDI. — Les armes à feu portatives rayées de petit calibre. 1 vol. in-8° avec planches . . . . 3 fr.

PEIN. — Lettres familières sur l'Algérie, un petit royaume arabe. 1 vol. in-12. . . . . 3 fr.

POULAIN. — Lettres sur l'artillerie moderne, canon de 7 et gargousse obturatrice, le bronze et l'acier, mitrailleuse française. Br. in-8° . . . . 1 fr.

SUZANNE. — Des causes de nos désastres; la proscription des armes et le monopole de l'artillerie. Br. grand in-8. . 2 fr.

---

400 — Paris, Imp. H. Carion, rue Bonaparte. 64.

www.ingramcontent.com/pod-product-compliance
Lightning Source LLC
Chambersburg PA
CBHW060912050426
42453CB00010B/1685